中国滑雪场所管理规范

（2017年修订版）

国家体育总局冬季运动管理中心
中国滑雪协会
审定

人民体育出版社

编 委 会

主　　任：王志利

主　　审：返　宏　杨　军

参编人员：贾铁强　郭军长　单兆基　田有年

修订版前言

为规范滑雪场所管理、保障滑雪者的人身安全，国家体育总局冬季运动管理中心、中国滑雪协会于2005年首次出版发行了《中国滑雪场所管理规范》，并于2013年进行了第一次修订。

2013年以来，我国滑雪产业迅猛发展，但同时滑雪场所在开发建设、规范管理、安全保障等方面也出现了许多新情况、新问题。为确保滑雪产业的健康发展，国家在近几年相继出台了一系列相关政策。为了把握新政策、适应新变化，进一步加强体育主管部门对滑雪场所的监管，促进我国滑雪场所安全、健康、有序发展，使广大滑雪爱好者安全、理性地参与滑雪运动，国家体育总局冬季运动管理中心、中国滑雪协会组织相关专家对2013年版《中国滑雪场所管理规范》进行了重新修订。

修订过程中，国家体育总局冬季运动管理中心、中国滑雪协会共组织召开了四次编写工作会议，完成了前期的各项调研、查阅相关资料、咨询相关专家等各项准备工作，以及初稿形成、意见征求、修改、补充、完善、研讨、审阅、审定工作，尤其是在意见征求环节中，将稿件多次发给全国部分雪场和体育主管部门等相关单位，并采纳了其中有利于滑雪者和滑场场所管理的意见，最终形成了2017版《中国滑雪场所管理规范》。

《中国滑雪场所管理规范》（2017年版）对某些条款进行了修改和补充，如修订了中级道、高级道的坡度标准等，增加了初级道停止区的长度要求，滑雪场所安全网的种类，滑雪设施、设备安全规范等，使《规范》更加细化、完善。

希望滑雪场所、相关监管部门以及广大滑雪爱好者认真遵照实施《中国滑雪场所管理规范》，在落实过程中遇到问题及时反馈意见，以便我们不断地完善《中国滑雪场所管理规范》。

编写组

2017年9月

目 录

第一章　总　则

第一条　制定本规范的目的及依据

为了加强对滑雪场所开发、经营的指导、监督、检查，促进滑雪运动及滑雪场所健康、安全、有序发展；保障滑雪者的人身安全和滑雪场所及滑雪者的切身利益，特重新修订《中国滑雪场所管理规范》（以下简称《规范》）。

主要依据下列文件精神：

（一）《中华人民共和国体育法》。

（二）《全民健身条例》。

（三）《第一批高危险性体育项目许可管理办法》。

（四）《经营高危险性体育项目许可管理办法》。

（五）中华人民共和国国家标准（GB）《体育场所开放条件与技术要求》第6部分：滑雪场所（修订版）。

（六）《中国滑雪协会章程》。

（七）《国际雪联高山滑雪国际竞赛规则》。

（八）国际雪联颁布的《滑雪者行为规则》。

第二条　《规范》中采用的术语

（一）滑雪场所

向社会开放，具有运营资质，能够满足人们进行与滑雪有关的训练、比赛、健身、休闲等活动的场所（包括室外滑雪场和室内滑雪馆）。

（二）滑雪者

穿着滑雪器材在滑雪场地运动的人员。

（三）滑雪器材

滑雪器材是指滑雪运动时所使用的相关器材，包括滑雪板、滑雪鞋、固定器、滑雪杖以及滑雪服装、滑雪帽、滑雪手套、滑雪头盔、滑雪镜、滑雪护具等。

（四）滑雪场设备

主要指在滑雪场地配置的器械设施。包括滑雪索道、拖牵、魔毯、压雪机、造雪机、雪地摩托等。

（五）滑雪道与滑雪场地

滑雪道是指开展滑雪活动的专门区域。滑雪道一般是条带状，分为初级滑雪道、中级滑雪道、高级滑雪道及越野滑雪道等。

滑雪场地一般是指一个特定的经过修建可供滑雪专用的区域。不同的滑雪项目有不同的滑雪场地，如高山滑雪、越野滑雪、跳台滑雪、单板滑雪及野雪滑雪场地等。

在天然降雪十分丰沛的山区，国际雪联把滑雪道分为标记滑雪道（相对稳定的有管理的雪道）；无人巡查的滑雪线路（只是从起点至终点指出一条滑行的线路方向，雪道无人管理与巡查）；雪道外滑雪区（野雪、树林中滑雪区）。

（六）终点停止区

指滑雪道终端滑行停止区域。

（七）滑雪指导员

是指向滑雪者传授滑雪运动理论和技能，以及指导安全滑雪的人员（须经过专业培训并取得国家颁发的有效资格证书）。

（八）高危险性体育项目

指在体育运动中存在高危险性的项目。2013年国家体育总局等五部委联合公布第一批高危险性体育项目中包括了高山滑雪、自由式滑雪、单板滑雪。国家规定高危险性体育项目需要实施“行政许可”。

第三条　滑雪场所适宜开展的滑雪项目

（一）现代滑雪运动中适宜开展的滑雪项目主要有：

1. 高山滑雪。

2. 单板滑雪。

3. 越野滑雪。

4. 雪上技巧类项目。

（二）具备条件的滑雪场所也可以开展登山滑雪和野雪滑雪运动。

第四条　滑雪场所的行业管理

向社会开放的各类滑雪场所，按照《经营高危险性体育项目许可管理办法》的要求，均由所在地县级以上体育行政管理部门实施行政许可，并纳入行政管理。

如经营需要在滑雪场所区域内设置住宿、餐饮、文化娱乐及索道（拖牵、魔毯）运转等服务设施，则需经相关行业部门许可并接受其行业管理。

第二章　滑雪场所的开发建设

第五条　开发建设滑雪场所的基本程序

（一）有符合实际的《项目立项建议书》《可行性研究报告》或《规划》；

（二）有环保部门的《项目环保评估报告》；

（三）有发展和计划部门的《项目立项批件》；

（四）有土地、林业部门的土地使用及砍伐树林的许可；

（五）有工商部门的工商注册；

（六）获得体育行政管理部门的专业核准并取得高危项目经营许可证。

第六条　滑雪场所的规划设计

（一）滑雪场所的规划设计应当把握的原则：

1. 资源节约、环境保护原则。

2. 安全第一、服务大众原则。

3. 顾客至上、注意细节原则。

（二）鼓励滑雪场所向规模化发展。

（三）滑雪场所的生活服务设施要服从于“滑雪”理念和实

际需求。

（四）滑雪场所的规划设计要有专业人士参与并需经过论证。

第七条　大众滑雪道及滑雪场地的基本条件

（一）大众高山滑雪和单板滑雪

1. 室外滑雪道总面积不低于6000平方米；室内滑雪道总面积不低于3000平方米。

2. 雪层压实之后的厚度应不少于30厘米，雪面上不得有裸露的土石等杂物，雪层表面不得形成冰状。

3. 在滑雪道滑行终点设立停止区，并安装安全防护设施。新建初级道的停止区长度不能少于40米；已建成的雪场，停止区长度不足40米的，需在原有防护措施基础上加装防护措施。

4. 初级滑雪道

要平整宽敞，平均坡度不超过10°。

5. 中级滑雪道

平均坡度在10°～18°，最大坡度不超过22°。

6. 高级滑雪道

平均坡度超过18°，最大坡度超过22°。

（二）开发建设高级滑雪道要把握的原则

1. 总占比不宜过大。

2. 宁宽勿窄。

3. 与赛事相结合。

4. 便于人工造雪和压雪。

5. 雪道交汇处要视野宽阔不能有视觉障碍，不能出现逆行交叉。

（三）其他项目的滑雪场地

设计建设“U型”场地、公园场地、追逐场地、雪上技巧场地等滑雪场所，应设独立场地，须修建在宽阔无障碍并方便救护的地段，经由专业人士设计。

娱乐性项目，如雪圈、雪地摩托、雪上自行车等，要有各自独立的滑行线路，禁止与高山滑雪道共用。

第八条　竞技滑雪道

计划承接专业竞赛的滑雪道、滑雪场地，在规划建设中应符合该项目的国际雪联竞赛规则或当次（项）比赛的竞赛规程要求，并取得国际雪联或相关赛事主办方的雪道认证。

第九条　滑雪场所的配套服务设施

（一）要有向上运送滑雪者的设备（如索道、拖牵、魔毯等）。

（二）有人工造雪系统用来保证雪的厚度且没有暴露的土石。

（三）有平整滑雪道的专用机械设备（如压雪机）。

（四）为架空索道提供输送电力的备用发电设施，以提供双保险措施。

（五）滑雪场所内的交通、餐饮、住宿、娱乐、滑雪者运力、滑雪道面积等所有设计，要与接待能力配套一致。

第三章　滑雪场所的运营

第十条　滑雪场所的名称

滑雪场所可以有不同的称呼，如滑雪场、滑雪度假区（村）、滑雪运动基地（中心）等。但应该“名副其实”，不能随意冠名“国际”“亚洲”“中国”“国家”等词汇。在滑雪场所的LOGO设计上也须遵循此原则。

第十一条　滑雪场所的标识

（一）滑雪场所内需设立公共指示标识，并符合相关要求。

（二）有规模的滑雪场要设立醒目的向导示意图、服务流程图，标明场区范围、各条滑雪道、各条索道、服务大厅、救护处、卫生间、咨询处及其他服务设施所在位置。

（三）滑雪场地及滑雪道上的标识

在滑雪场地及滑雪道上应设有规范、醒目的滑雪专项标识。

1. 滑雪道等级的标识

滑雪道可以用直线也可用曲线表示。高级道用黑色，中级道用蓝色，初级道用绿色，没有管理的滑行线路用黄色表示。若某一条滑雪道包含两种以上级别，可分别用不同颜色分段标明。

2. 滑雪索道用直线表示，两端也可用圆形、方形或菱形图案表示。索道的种类可用相应形象图标明。

［注］滑雪场所内各种标识的规范图案详见附件1《滑雪场所的标识》。

第十二条　滑雪场所环境卫生要求

滑雪场所的建设与经营须始终体现环保理念，其污水处理、垃圾转运、降低噪音、空气质量保护等必须遵守国家相应的环境保护要求。

第十三条　滑雪场所的生活服务

滑雪场所提供的基本服务包括以下内容。

（一）设有滑雪器材的出租服务，并提供穿戴场所；

（二）设有衣物存储柜；

（三）须配备滑雪社会体育指导员；

（四）设有医务急救室，并配备专用急救器材；

（五）设有热饮与方便食品、快餐服务；

（六）设有男、女卫生间；

（七）设有至少覆盖全部滑雪索道的广播设施；

（八）设有对外通信设施并确保信号畅通；

（九）室外滑雪场要提供避寒的室内场所及当日天气预报；

（十）公共区域应保持清洁，行走路面要有防滑措施；

（十一）设有全方位的安全提示及实用的安全设施。

第十四条　滑雪道的开放

（一）对滑雪道上滑雪者密度的要求

为保证安全，原则上在初级道、中级道和高级道上滑雪者的数量与滑雪道面积比例为：初级1人≥50平方米，中级1人≥70平方米，高级1人≥80平方米。

（二）滑雪道表面不得有裸露的土石、树桩、杂物等障碍物；雪道两侧山体间，如有对滑行者构成安全隐患的岩石、岩壁及建筑物等，应采取防护措施。

（三）野雪道应在雪量充足的环境下开放，以保证没有土石外露，并在入口处应有醒目的限制水平低的滑雪者进入的警告；如果雪量不足或存在雪崩危险时要及时关闭。

（四）索道的运行时间应有告示，滑雪道的开放和关闭时间以索道的运行时间来确定和执行，雪上巡逻队员要在索道停止运行后对各滑雪道进行巡视，确保没有滑雪者滞留。

（五）夜间开放滑雪场所，灯光的亮度要均匀不刺眼，不能有逆向光。夜场滑雪道灯光的平均水平照度应不低于80勒克斯（Lx），最暗处不能低于50 勒克斯（Lx）。

第十五条　滑雪道的养护和机械设备的保养

（一）每年非雪期要对滑雪道进行割草、平整、排水沟清理。

（二）索道等设备要定期维修、维护，每年通过行业年检后才能投入使用。

（三）压雪机、雪地摩托车等机械要派专职人员维护、保养。

（四）每年雪季前要对防护网、杆进行检查以确保可以安全使用，待雪季结束后把安全网收入库中，防止其因暴晒失去抗拉强度。

第四章　滑雪场所的安全管理

第十六条　滑雪场所安全管理体系建设

（一）滑雪场所法定代表人是滑雪场所安全防范的总责任人，其安全意识和执行力对滑雪场所安全体系的建设和操控至关重要。

1. 具有确保滑雪场所各项工作的安全意识。

2. 有保护滑雪者的责任，包括健全预防措施和对意外伤害事故的及时组织救助。

3. 通过建立健全岗位责任制度、安全管理与救护制度及设备设施维护制度等，使安全管理落实到位。

4. 对滑雪者的安全提示包括：《滑雪者须知》《滑雪者行为规则》，以及禁止标识、提示标识、警示标识、救援信息标识等。

5. 配齐配强雪上巡逻队员。

一定数量的雪上巡逻队员是雪场减少事故发生和及时救助的保证，根据我国目前滑雪者的实际水平，可以按照雪道面积和滑雪者人次作为参照进行配置。

6. 重视安全教育和培训，做好安全防范的应急演练。

（1）对遭受意外伤害的滑雪者进行正确救助，避免二次伤害。

（2）对滑雪技术指导员规范教学的培训将有助于滑雪者兴趣的培养。

（3）对滞留在空中缆车上人员的施救的演练。

（4）其他方面的安全培训，包括食品卫生、消防、人群疏散等。

（二）滑雪场所的保障设施

1. 需配备滑雪指导员，有规模的雪场可设立滑雪学校。

2. 有医务处置室和急救设备，包括救生船和救护车辆等。

3. 有对外通信设备和信号覆盖。

4. 室内滑雪场所要保证通风和安全防火设备。

5. 公共区域要有防滑设施。

6. 在陡坡和危险地段要有监控设备。

（三）滑雪场所安全保障措施

1. 在共区域内醒目位置设有《滑雪者须知》《滑雪者行为规则》。

2. 大型雪场要有场区示意图，内容包括索道、雪道难度显示。

3. 在中、高级雪道的入口处应该标注该雪道的等级、坡度（包括平均坡度和最大坡度）以及滑雪道的长度。

4. 包括索道操作员、雪上巡逻队员、滑雪指导员在内的各岗位都应成立安全工作小组，并要制度上墙。

5. 有各项应急预案。

6. 与其他相关部门如救助医院等建立联动机制。

7. 滑雪场所要树立投保公共责任险意识，并积极倡导滑雪者投保。

第十七条　《滑雪者行为规则》

（一）尊重原则：每位滑雪者都应该遵循以下行为准则，绝不做出将会损伤或致使他人受伤的行为。

（二）自控原则：每位滑雪者都应当让自己的滑行处于可控范围之内。其滑行速度和方式应当和其个人滑雪水平相符，并且应根据地势、雪质、天气和雪场人口密度来选择以何种方式滑行。

（三）选择安全线路原则：后方滑雪者务必要选择不危及前方滑雪者的线路滑行（前方滑雪者有雪道使用的优先权）。

（四）超越原则：从后方或侧方超越其他滑雪者时，请保持足够的安全距离。

（五）进入雪道、启动、爬坡原则：滑雪者在进入雪道、在滑雪中途稍作休息重新开始，或者向坡上攀爬时，务必保证不危及到自己及其他人的安全。

（六）停止地点原则：除非必须，滑雪者应避免停留在雪道中间、赛道、狭窄的雪道、视线易受阻的地方，若经过上述地点，请尽快通过。

（七）两侧行走原则：如需在雪道上行走时，请务必在雪道两侧行走。

（八）注意警示标识原则：请滑雪者务必对警示标识、禁止标识、提示标识保持足够的重视。

（九）协助原则：一旦遇见事故，每个滑雪者都有义务去帮助受伤的人。

（十）事故确定身份原则：事故后的滑雪者或者目击者，无论是否有相关责任，应在第一时间联系滑雪场救护人员，并应该彼此留下联系方式。

第十八条　滑雪场所的雪上巡逻队员

（一）雪道面积在5万平方米以下的滑雪场所需至少配备2名雪上巡逻队员；根据雪道面积，每增加4万平方米，至少增加1名雪上巡逻队员。

（二）雪上巡逻队员在当天运营前、运营中和运营结束后都要巡查线路，以清除滑雪道障碍物，并确保当天运营结束后滑雪道上没有滞留的滑雪者。

（三）雪上巡逻队员要对滑雪场所内的警示、指示标识进行布设和维护。同时有对安全网、杆进行架设和及时清理维护的责任，对存在的安全隐患要及时排解和上报。

（四）雪上巡逻队员对不文明滑雪者、酗酒后滑雪者、中高级道“滑降”滑雪者有进行劝阻其离开滑雪道的义务。

（五）雪上巡逻队员对现场救护负有责任。

（六）雪上巡逻队员应当接受红十字会的救护培训并考取救护员资格证。

第十九条　滑雪场所的滑雪指导员

（一）滑雪场所配备滑雪指导员的数量要充分保证实际需要，不得少于5人。

（二）滑雪指导员须持有国家颁发的有效资格证书上岗工作。

（三）滑雪指导员在教学过程中应本着安全第一的原则帮助学员正确使用滑雪器材和选择适合的滑雪线路。

（四）对学员超出自身水平范围的危险行为有警告和劝阻的义务。

（五）滑雪指导员在工作期间遇到意外伤害事故，对伤者有救护的义务。

第二十条　滑雪场所对滑雪者的提示

滑雪场所应本着保护滑雪者人身安全的原则设置导向图、禁止标识、警示标识、指示标识等。

（一）设置平面图，标明索道、雪道、停车场、医疗救护、卫生间等具体情况。

（二）在索道山下站明确乘坐须知、索道开放和关闭时间，设置“禁止摇晃”“放下护栏”“禁止吸烟”等提示标识。

（三）在索道山上站通往滑雪道的明显位置标注出滑雪道的级别、平均坡度、最大坡度及滑雪道的长度等详细情况，以便于滑雪者了解和把握。

（四）在滑雪道的起、终点及中途应根据实际情况设置“减速”“前方合流”“救助电话×××××”等警示提示语。在禁止滑行的雪道的起点应有“雪道封闭”等的提示或标示。

（五）在售票处或其他醒目的地方张贴《滑雪者安全须知》《滑雪者行为规则》。

（六）滑雪场所应按照“规范”的要求统一标识。

（七）利用广播及时播报滑雪安全知识，积极倡导文明滑雪。

（八）室外滑雪场应提供当日天气预报。

第二十一条　滑雪场所安全网、防护垫的要求和标准

（一）安全网的作用及种类

安全网有保护、警示、导向、分割、阻拦的作用。按照功能不同，滑雪场所通常使用A网、B网、C网。

（二）安全网的标准

安全网对保护滑雪者至关重要，所以滑雪场所必须根据实际需要架设一定数量的安全网。A网网高：2.5～4米；B网网高：2～2.5米；C网网高：1～1.5米。A网、B网、C网的功能、网孔径大小、线径及抗拉强度等都有着明确的生产标准，各滑雪场所必须安装合格产品。承接赛事的滑雪场所其安全网（杆）的设置须取得赛事主办方的认证。

（三）安全网、防护垫应该设立在有安全隐患的危险地段

1. 雪道侧面有障碍物地段；
2. 明显危险源暴露地段；
3. 雪道侧面陡峭地段；
4. 拖牵、索道有必要的地段；
5. 中、快速转弯处的雪道两侧；
6. 中、高级雪道两侧的必要地段；
7. 禁止滑行的入口；

8. 能冲出范围的终点停止区；

9. 滑雪道内的设施，如索道立柱、变电箱等；

10. 在滑雪道和向上运送滑雪者的魔毯之间要有安全网隔离。

（四）大众滑雪道的安全网与障碍物之间至少要有1.5米的安全距离。

第二十二条　滑雪场所设施、设备的安全规范

（一）索道、拖牵、魔毯等运送滑雪者的设施应当按照行业标准建设、安装，并定期保养、检修。

（二）索道操作人员须取得国家相关职业资格证书，滑雪场所要按照设备使用标准配备工作人员，要制度上墙。

（三）操作人员在岗期间要坚守岗位，并对进入运送系统的滑雪者负责。如因脱岗或疏忽未能及时发现和处理发生的意外伤害，操作人员应负主要责任。

（四）索道、拖牵、魔毯的工作人员要保证山下站和山上站地面平整，使滑雪者顺畅安全进出。

（五）压雪车应配备专职司机操作，并应在雪道关闭时进行工作。雪地摩托车除因抢救进入滑雪道，在雪道开放的其他任何时间都禁止驶入。

（六）对压雪车、雪地摩托车及其他机械应定期进行维修保养，定期检查，以保证安全使用。

（七）用运输车运送滑雪者，应单独开辟通道，并与滑雪道保持安全距离。

第二十三条　滑雪器材的安全管理规范

（一）滑雪场所应积极倡导滑雪者佩戴头盔。

（二）滑雪场所向滑雪者提供的滑雪器材必须符合安全要求，没有获得产品质量合格证的滑雪器材和开裂、变形等存在安全隐患的滑雪器材不得用于经营。

（三）滑雪器材管理员，有责任为滑雪者选择合适的滑雪器材并进行调试，并告知滑雪者如何正确使用滑雪器材。

（四）滑雪场所要按时对滑雪器材进行维修、保养，确保器材完好。

（五）在滑雪场所内设置其他娱乐项目，应接受相关行业的管理。

第二十四条　比赛与其他活动的安全规范

（一）比赛滑雪道的确定

在滑雪场所比赛，须得到滑雪场所管理者的许可，在指定的区域进行比赛。

（二）滑雪道的关闭

1. 滑雪场所管理者在必要时有权封闭比赛区域的雪道，与比赛无关人员一律禁止入内。

2. 滑雪场所管理者在雪道封闭时，应在滑雪场所主要地点、比赛区入口等位置张贴告示。

（三）比赛区域的管理义务

比赛主办方受滑雪场所管理者的委托，在被封闭的比赛区域内负有管理责任。

（四）雪道的现场检查

比赛主办者为了参赛者的安全，要对比赛雪道进行充分的现场检查。

（五）熟悉雪道

1. 参赛者在充分熟悉比赛雪道后，方能进行比赛。

2. 参赛者要根据天气、雪面条件、比赛雪道的布局及障碍物等情况，预测比赛中可能遇到的危险。

3. 在符合比赛的条件下参赛者自愿参赛，并签订免责条款。

（六）执行《滑雪者行为规则》

参赛者与比赛有关人员，要按照比赛主办方的规定进行活动，并执行《滑雪者行为规则》。

（七）滑雪场所组织举办的其他活动，须按比赛的安全规则进行。

第五章　滑雪场所的经营许可管理和监督检查

第二十五条　滑雪场所经营许可的管理

经营滑雪项目应向当地县级以上体育主管部门申请高危险性项目经营许可证。具体办法按《经营高危险性体育项目许可管理办法》相关规定执行。

第二十六条　滑雪场所的监督检查和法律责任

（一）对滑雪场所的监督检查由颁发经营许可的县级以上体育部门组织实施。具体办法按《经营高危险性体育项目许可管理办法》相关规定执行。

（二）提供住宿、餐饮服务的滑雪场所，由当地旅游、食品监督、消防等部门按照各自的行业管理要求进行监管。

（三）设有常驻医疗机构的滑雪场所，由当地医管部门按照规定监管。

第二十七条　对滑雪场所的处罚

按《经营高危险性体育项目许可管理办法》相关规定执行。

第六章　附　则

第二十八条　本《规范》的解释权

本《规范》的解释权归国家体育总局冬季运动管理中心和中国滑雪协会。

第二十九条　本《规范》的实施日期

本《规范》自公布之日起实施。

第三十条　本《规范》的附件

本《规范》共有4个附件，与本《规范》具有同等效力。

附件 1 《滑雪场所的标识》

附件 2 《第一批高危险性体育项目目录公告》

附件 3 《经营高危险性体育项目许可管理办法》

附件 4 《滑雪者须知》

附件1

滑雪场所的标识

一、高山滑雪和单板滑雪道难度等级标识

高级滑雪道：黑色线条（直线或曲线）

◆

中级滑雪道：蓝色线条（直线或曲线）

■

初级滑雪道：绿色线条（直线或曲线）

●

无管理的野雪滑雪线路：黄色线条（直线或曲线）

◆

二、滑雪场所的标识分类

1. 提示（注意）类标识

编号 001
37cm × 37cm
停车场

编号 002
37cm × 37cm
紧急求助电话

编号 003
37cm × 37cm
办理手续

编号 004
37cm × 37cm
吊箱缆车

编号 005
37cm × 37cm
大型缆车

编号 006
37cm × 37cm
有轨缆车

编号 007
37cm × 37cm
越野滑雪传统技术

编号 008
37cm × 37cm
越野滑雪自由技术

编号 009
37cm × 37cm
单人吊椅

编号 010
37cm × 37cm
双人吊椅

编号 011
37cm × 37cm
三人吊椅

编号 012
37cm × 37cm
四人吊椅

编号 013
37cm×37cm
杆式拖牵

编号 014
37cm×37cm
儿童在外侧

编号 015
37cm×37cm
履带式索道

编号 016
直径45cm
径直向前

编号 017
直径45cm
径直向左

编号 018
直径45cm
径直向右

编号 019
直径45cm
请放下护栏

编号 020
直径45cm
请抬起护栏

编号 021
直径45cm
背包放在怀中

编号 022
直径45cm
雪板前端抬起

编号 023
直径45cm
从右侧下吊椅

编号 024
直径45cm
从左侧下吊椅

编号 025
直径45cm
从左侧下拖牵

编号 026
直径45cm
从右侧下拖牵

编号 027
直径45cm
保持雪板平行向前

编号 028
直径45cm
请保持平衡

编号 029
直径45cm
跌倒后从左侧离开

编号 030
直径45cm
跌倒后从右侧离开

编号 031
直径45cm
排成两列

编号 032
直径45cm
排成三列

编号 033
直径45cm
排成四列

编号 034
直径45cm
排成六列

编号 035
直径45cm
雪仗放在一只手中

编号 036
37cm × 37cm
救护站

2. 禁止类标识

编号 101
直径 45cm
禁止转弯

编号 102
直径 45cm
禁止摇晃吊椅

编号 103
直径 45cm
禁止雪橇

编号 104
直径 45cm
禁止进入

编号 105
直径 45cm
禁止滑野雪

编号 106
直径 45cm
禁止雪地摩托

编号 107
直径 45cm
禁止通行

编号108
直径 45cm
禁止骑坐拖牵

编号109
直径 45cm
禁止放开拖牵

编号 110
直径 45cm
禁止背小孩

编号 111
直径 45cm
禁止自由技术滑行

编号 112
直径 45cm
禁止狗入内

编号 113
直径 45cm
禁止单板滑雪

编号 114
直径 45cm
禁止停留

编号 115
直径 45cm
禁止背包坐吊椅

编号 116
直径 45cm
禁止骑雪地自行车

编号 117
直径 45cm
禁止上下拖牵

编号 118
直径 45cm
禁止吸烟

编号 119
直径 45cm
禁止背小孩乘拖牵

3. 危险类标识

编号 201
边长 56cm
危险

编号 202
边长 56cm
注意压学车

编号 203
边长 56cm
注意雪道狭窄

编号 204
边长 56cm
注意雪道交叉

编号 205
边长 56cm
小心裂缝

编号 206
边长 56cm
小心悬崖

编号 207
边长 56cm
注意造雪机

编号 208
边长 56cm
注意拖索陡坡

编号 209
边长 56cm
注意雪地摩托

编号 210
边长 56cm
注意雪崩

编号 211
边长 56cm
注意右侧交汇

编号 212
边长 56cm
注意左侧交汇

编号 213
边长 56cm
向右转弯

编号 214
边长 56cm
向左转弯

编号 215
边长 56cm
向右急转

编号 216
边长 56cm
向左急转

三、关于滑雪场所标识的说明

1. 近些年来境内外滑雪场所的标识不断丰富，有新创意，国内滑雪场所亦应不断吸纳。

2. 本附件所列各种标识，有示范作用，如满足不了实际需求，可在不改变原标识图像颜色与结构的前提下自行添加新标识。

附件2

国家体育总局、人力资源和社会保障部、国家工商行政管理总局、国家质量监督检验检疫总局、国家安全生产监督管理总局

公　告

第16号

第一批高危险性体育项目目录公告

为落实《全民健身条例》对高危险性体育项目经营活动管理的相关要求，保障人民群众参与高危险性体育项目的人身安全，根据《全民健身条例》第三十二条第四款的规定，经国务院批准，现将第一批高危险性体育项目目录公告如下。

一、游泳

二、高山滑雪、自由式滑雪、单板滑雪

三、潜水

四、攀岩

各高危险性体育项目经营单位和相关部门应按照《全民健身条例》的规定，做好高危险性体育项目经营的申报和管理工作。

本公告公布前已经开展目录所列高危险性体育项目经营的，经营单位应当在其经营场所醒目位置张贴本公告，对消费者进行提示，并于公告公布后6个月内按照相关规定办理许可手续。

消费者应增强自我保护意识，了解高危险性体育项目的特点，服从经营单位工作人员的劝诫和指导。

特此公告。

国家体育总局
人力资源和社会保障部
国家工商行政管理总局
国家质量监督检验检疫总局
国家安全生产监督管理总局
2013年5月1日

附件3

经营高危险性体育项目许可管理办法

（2014年9月1日国家体育总局令第19号、2016年4月29日国家体育总局令第22号修改）

第一章　总　则

第一条　为了规范经营高危险性体育项目行政许可的实施，保障消费者人身安全，促进体育市场健康发展，根据《中华人民共和国体育法》《中华人民共和国行政许可法》《全民健身条例》等有关法律、法规，制定本办法。

第二条　本办法所称经营高危险性体育项目，是指企业、个体工商户从事按照《全民健身条例》规定公布的高危险性体育项目的经营活动。

第三条　经营高危险性体育项目实施行政许可。

第四条　对经营高危险性体育项目实施行政许可，坚持以下原则：

保障消费者人身安全；

规范发展体育市场；

公开、公平、公正；

处罚与教育相结合；

经济效益与社会效益并重。

第五条 国家体育总局指导全国范围内经营高危险性体育项目行政许可工作，会同有关部门制定、调整高危险性体育项目目录，并经国务院批准后予以公布。

县级以上地方人民政府体育主管部门负责本行政区域的经营高危险性体育项目行政许可工作。

第二章 申请与审批

第六条 经营高危险性体育项目，应当具备下列条件：

（一）相关体育设施符合国家标准；

（二）具有达到规定数量、取得国家职业资格证书的社会体育指导人员和救助人员；

（三）具有安全生产岗位责任制、安全操作规程、突发事件应急预案、以及体育设施、设备、器材安全检查制度等安全保障制度和措施；

（四）法律、法规规定的其他条件。

第七条 企业、个体工商户经营高危险性体育项目的，应当在工商行政管理部门依法办理相关登记手续后，向县级以上地方人民政府体育主管部门申请行政许可。

第八条 申请经营高危险性体育项目，应当提交下列材料：

（一）申请书，申请书应当包括申请人的名称、住所，拟经营的高危险性体育项目；

（二）体育设施符合相关国家标准的说明性材料；

（三）体育场所的所有权或使用权证明；

（四）社会体育指导人员、救助人员的职业资格证明；

（五）安全保障制度和措施；

（六）工商营业执照；

（七）法律、法规规定的其他材料。

第九条 县级以上地方人民政府体育主管部门应当自收到申请之日起30日内进行实地核查，做出批准或者不予批准的决定。批准的，应当发给许可证；不予批准的，应当书面通知申请人并说明理由。

第十条 许可证应当载明以下事项：

（一）经营机构负责人姓名；

（二）经营机构名称；

（三）经营场所地址；

（四）许可经营的高危险性体育项目；

（五）社会体育指导人员和救助人员规定数量；

（六）许可期限。

第十一条 许可证有效期为五年，样式由国家体育总局统一制定。

第十二条 许可证载明事项发生变更的，经营者应当向做出行政许可决定的体育主管部门申请办理变更手续。体育主管部门同意的，为其换发许可证。

第十三条 许可证到期后需要继续经营的，经营者应提前30日到做出行政许可决定的体育主管部门申请办理续期手续。体育主管部门同意的，为其换发许可证。

第十四条 有下列情况之一，做出行政许可决定的体育主管部门应当依法注销许可证：

（一）经营终止；

（二）许可证到期。

第十五条 已经许可、注销和依据本办法第二十七条吊销许可证的，做出行政许可决定的体育主管部门应当向社会公示。

第十六条 许可证遗失或者毁损的，应当向做出行政许可决定的体育主管部门申请补领或者更换。

第三章 监督检查

第十七条 上级体育主管部门应当加强对下级体育主管部门实施行政许可的监督检查，及时纠正行政许可实施中的违法行为。

县级以上地方人民政府体育主管部门应当对经营者从事行政许可事项的活动实施有效监督。

监督检查不得妨碍被许可人的正常经营。

第十八条 县级以上地方人民政府体育主管部门对经营高危险性体育项目进行检查时，体育执法人员人数不得少于两人，并出示有效的行政执法证件。未出示有效证件的，经营者有权拒绝检查。

第十九条 体育执法人员应当将监督检查的时间、地点、内容、发现的问题及其处理情况做出书面记录，并建立执法档案，将各项检查记录和处罚决定存档。

第二十条 经营者应当将许可证、安全生产岗位责任制、安全操作规程、体育设施、设备、器材的使用说明及安全检查等制度、社会体育指导人员和救助人员名录及照片张贴于经营场所的醒目位置。

第二十一条 经营者应当就高危险性体育项目可能危及消费者安全的事项和对参与者年龄、身体、技术的特殊要求，在经营场所中做出真实说明和明确警示，并采取措施防止危害发生。

第二十二条 经营者应当按照相关规定做好体育设施、设备、器材的维护保养及定期检测，保证其能够安全、正常使用。

第二十三条 经营者应当保证经营期间具有不低于规定数量的社会体育指导人员和救助人员。社会体育指导人员和救助人员应当持证上岗，并佩戴能标明其身份的醒目标识。

第二十四条 经营者对体育执法人员依法履行监督检查职责，应当予以配合，不得拒绝、阻挠。

第二十五条 国家鼓励高危险性体育项目经营者依法投保有关责任保险，鼓励消费者依法投保意外伤害保险。

第四章 法律责任

第二十六条 未经县级以上地方人民政府体育主管部门批准，擅自经营高危险性体育项目的，由县级以上地方人民政府体育主管部门按照管理权限责令改正；有违法所得的，没收违法所得；违法所得不足3万元或者没有违法所得的，并处3万元以上10万元以下的罚款；违法所得3万元以上的，并处违法所得2倍以上5倍以下的罚款。

第二十七条 经营者取得许可证后，不再符合本办法规定条件仍经营该体育项目的，由县级以上地方人民政府体育主管部门按照管理权限责令限期改正；有违法所得的，没收违法所得；违法所得不足3万元或者没有违法所得的，并处3万元以上10万元以下的罚款；违法所得3万元以上的，并处违法所得2倍以上5倍以下的罚款；拒不改正的，由做出行政许可决定的体育主管部门吊销许可证。

第二十八条　违反本办法第二十条、第二十一条、第二十二条、第二十三条规定，由县级以上地方人民政府体育主管部门责令限期改正，逾期未改正的，处2万元以下的罚款。

第二十九条　违反本办法第二十四条规定，由县级以上地方人民政府体育主管部门责令改正，处3万元以下的罚款。

第三十条　县级以上人民政府体育主管部门工作人员在实施行政许可过程中，玩忽职守、滥用职权、徇私舞弊的，依法给予处分；构成犯罪的，依法追究刑事责任。

第五章　附　则

第三十一条　在高危险性体育项目目录公布前，已经开展目录中所列高危险性体育项目经营的，经营者应当在目录公布后的6个月内依照本办法申请行政许可。

第三十二条　具体实施办法由地方根据实际情况制定。

第三十三条　本办法自2013年5月1日起施行。

附件4

滑雪者须知

滑雪是高危险性体育项目，滑雪者应对因其自身行为给自己或他人造成的伤害负有责任！请滑雪者务必认真阅读和熟悉下列须知。

一、遵守标志

滑雪场所设立的标志能够提供必要的信息，认识并遵守这些标志非常重要。标志将引导滑雪者安全滑雪，到安全的线路滑行。禁止滑入不开放的雪道和区域。

二、禁止饮酒后滑雪

酒精和药物能够削弱大脑机能，影响人的快速反应能力和行为控制能力。故如果您饮酒或用药而导致行为受影响，请不要乘坐缆车和滑雪。

三、控制速度和量力选择滑雪道难度等级

滑雪者要始终保持对滑行速度和滑行方向的控制，确保能够及时安全停下或者避开他人和物体。

滑雪者必须选择符合自己能力水平的雪道，并保持警惕，避免冲撞。

四、禁止速降

在大众滑雪项目中，禁止在中、高级滑雪道上进行“滑降”滑雪，高速滑降会导致由于来不及反应而危及自身和他人安全的后果。

当滑雪者失控形成向下直冲的状况时，应主动跌倒，以确保自身及他人的安全。

五、避让前方的滑雪者

避让您前方（山下）的滑雪者，他们拥有优先使用雪道的权利。雪道上方的滑雪者，有责任主动避让前面的滑雪者。超越他人时必须选择不危及前方滑雪者的路线滑行。

六、禁止阻碍滑行路线

滑雪者可在雪道两侧短暂停止，不得在雪道中间、狭窄地

段、视线受阻等处停留。如果摔倒，滑雪者须尽快清除雪面散落物品并迅速离开雪道中间。

滑雪者不可在雪道中间坐卧休息和逗留。

七、雪道交汇处避让山上方的滑雪者

当您每次要进入雪道和滑至雪道交汇处时，要注意避让山上方正在滑行的其他滑雪者，不可形成阻挡。

八、防止雪板自行脱落下滑

滑雪者应选择使用适合自身水平的器材装置和配件，避免滑雪板脱落自行下滑。单板要使用防脱带。

九、协助救助

如果您目击或身处一次事故时，均应留在现场并向急救人员确认自己的身份。同时须协助清理散落在雪道上的器材，安慰伤者，协助急救人员收集与事故相关的信息。

中国滑雪协会

2017年7月31日

图书在版编目（CIP）数据

中国滑雪场所管理规范：2017年修订版 / 国家体育总局冬季运动管理中心，中国滑雪协会审定. -- 北京：人民体育出版社，2017（2024.9重印）

ISBN 978-7-5009-5259-6

Ⅰ.①中… Ⅱ.①国… ②中… Ⅲ.①雪上运动-场地(体育)-管理规范-中国 Ⅳ.①G863.1-65

中国版本图书馆CIP数据核字(2017)第238659号

*

人 民 体 育 出 版 社 出 版 发 行
北京中献拓方科技发展有限公司印刷
新 华 书 店 经 销

*

850×1168　32开本　1.75 印张　32千字
2017 年 10 月第 1 版　2024 年 9 月第 5 次印刷
印数：3,301—3,800 册

*

ISBN 978-7-5009-5259-6
定价：40.00元

社址：北京市东城区体育馆路 8 号（天坛公园东门）
电话：67151482（发行部）　　邮编：100061
传真：67151483　　邮购：67118491
网址：www.psphpress.com
（购买本社图书，如遇有缺损页可与邮购部联系）